人生100年時代シニアの賢い生き方

長寿・格差・訴訟社会をどう生きるか

治田会計事務所
公認会計士 税理士
治田秀夫

はじめに

前作『60歳からのライフプランと円満相続』では、定年後にそなえた人生の過ごし方を〝第3ステージ〟と位置付け、とくに相続と争族の問題をとりあげました。

本書では、もちろん著者が長年提言してきた〝争族〟相続の問題をお話しますが、今回はとくに私たちシニアをとりまく「社会問題」を具体的に紹介していきたいと思います。

私が十数年前に出版した著書のメインテーマはやはり〝争族〟でしたが、具体的には「遺言状」の重要性と円満な「相続」をするための心構えや税知識が主たるものでした。

ここで、この10年で新たに深刻さを増している「社会問題」を思いつくまま挙げてみますと、

「老老介護」「孤独（死）」「定年延長」「生涯現役」「熟年再婚・離婚」「未婚者急増」「パ

ラサイト」「空き家」、そして、「年金減」「医療費増」「富裕と貧困」「格差」…といったところでしょうか。

さて「シニア」とはいったい何歳からをいうのでしょうか？

映画の割引は、60歳から「シニア」で一般成人より安くなっていますし、東京ディズニーランドも60歳以上からが「シニアパスポート」の割引チケットになっています。

この「シニア」という言葉は、もともとは英語の〝senior〟からきたもので「高齢者」「中高年者」と訳されました。この「高齢者」については、世界保健機関（WHO）が65歳以上と定義しているようです。

この「シニア」についてですが、わが国の65歳は文字通り「現役世代」です。世界有数の長寿国では、まだまだ「洟垂れ小僧」といえます。

2014年度の調査で日本は、世界保健機構（WHO）加盟国の中で世界一の長寿国となっています。日本人女性の平均寿命は87・0歳（1位）、男性は80・0歳（8位）です。わが国の高齢化は続いています。40年後の2055年には高齢化（65歳以上人口割合）は40・5％にもなるそうです。つまり、これからは「人生100年」時代となるのです。

但し喜んでばかりではいられません。シニアの皆さんは先の「平均寿命」とは別に「健康寿命」というのをご存知かと思います。

「介護」を受けたり「病気」で寝たきりになったりせずに、自立して日常生活が送れる期間のことです。

平均寿命から、この健康寿命を引くと、女性は約12年、男性は約9年になるそうです。

しかし、〝介護〟や〝病気〟はある日突然やってくるのです。自分には関係ないなどと思わないことです。

さらに、これからの日本では、私たちシニアは長く生きれば、それだけ多くの「問題」に直面することになります。

「相続税対象者、昨年の８割増」「最高裁が、相続をめぐり預貯金を遺産分割の対象にするという新たな基準を示す」といったニュースも入ってきました。


このように世間ではいろいろな出来事が次々と起きています。

その中で、とりわけシニア世代に関わる事柄を選んで、簡潔にわかりやすく紹介・解説をしてあります。

本書では、この問題を社会とのかかわりとから見ていきたいとおもいます。それは、「世の中の動きを知る」と「知っておきたい常識」です。

１人でも多くのシニア世代の方が、これからの長い人生を悔いの無いように過ごされることを祈っています。

平成28年12月

治田秀夫

人生100年時代　シニアの賢い生き方◆目次

第2章　長寿社会とシニア《世の中の動きを知る》

第3章　長寿社会とシニア《知っておきたい常識》

本書は、相続の基本について理解しやすいよう編集したものです。
内容等についてのお問合せはごま書房新社編集部までお願いします。

第1章

長寿社会とシニア

《賢いシニアの円満相続》

長寿が相続に思わぬトラブルを引きおこす

——三世代相続・相続人の世代交代がもたらす〝争族〟劇

世界有数の長寿国である日本では人生１００年時代です。

現在70歳の方もあと15年や20年は長生きされるかも知れません。頭も身体もまだしっかりしていれば何の問題もありません。でも、「おれはまだ呆けていない」と安心していてはいけません。このままの状態で90歳まで〝健康寿命〟を保てる保障はありませんね。

たとえ90歳になったとしても、何もかもわからなくなってしまったら、

「自分は幸せ」かもしれませんが、「自分以外」のことも考えていただきたいものです。

現代の日本社会では、「90歳の母親から60歳の子供が財産を相続し、その相続に30歳の孫が絡んでくる」という、〈三世代相続〉が現実のものとなり、そこから「争族」が起きることが増えているようです。

いまは亡き父親と存命している母親のもとで生まれ育った子供同士でも、ときには遺産をめぐって争いが生じる時代ですから、三世代め同士は、ふだんはほとんど親交もない状況ですから、「親の財産は自分にも権利がある」とばかりに、遠慮も躊躇もありません。

この30代から40代は、結婚、子育て、教育と、これからの人生でお金はいくらあってもいい、という年代です。親が受けとるであろう財産に関心があって当然と考えましょう。

そして、その希望、意見を「相続人である子供」はなかなか無視できないでしょう。誰だってわが子は可愛いのは当たり前でしょうから。

是非とも、子供たちや孫たちに「幸せを遺す相続」をしてください。

遺言書で明確な意思表示をして〝争族〟の芽をつむ
――人生最後の大仕事と考えて完璧をめざす

私たち日本人は、親子といえどもお金の話はタブーという気持ちがあり出来るだけ避けています。

まだ健在である親自らが、家族全員の前で自分の気持ちや考えを伝えるのはやははり難しいことでしょう。

しかし、遺言書であれば、それが出来るのではありませんか。

将来、相続が発生するのは明らかなのですから、早めに決めて、整理しておくことです。

以下に「決めておきたい事柄」を参考にあげてみます。

1. 法律的にだれが相続人なのか
2. 相続財産は何と何が、その評価は
3. 「争族」になる事柄、可能性があるか
4. 相続の際、対策が必要になるか
5. 相続税が課税されることになりそうか
6. どんな生命保険にはいっているか
7. 「遺贈」の可能性があるか

8. 相続人のなかに特別に伝えたいことがあるか

これらの「事柄」について、慎重に考え、細かな事もすべて書き出して、精査する必要があります。

相続人が複数いる一方で、財産の主たるものが「家と土地」で、現金がそれほど無い場合は特に配慮が必要となります。

遺言書に明確な意思表示をするためにも、不動産の評価額やニーズなど、「相続財産」を分析して、現在の状況を把握しておくことです。

相続人全員が満足する相続はありません
――〝争族〟は地獄の入り口と思え

著者は十数年前から、兄弟姉妹といった肉親同士が、親の財産を奪い合って争う状況を〝争族〟とし、その行き着くゴールは「地獄」であると著書で警鐘してきました。

そして「円満相続」を推奨してきました。

争族で争う相手は先に述べたように多くの場合、血を分けた者同士です。

しかも、争いの原因が「お金」だというのはあまりにも悲劇的でしょう。悲しいことに、行き過ぎた現代の拝金主義は日本人の心を蝕んでいるといっていいでしょう。つい最近まであった日本人の美徳はどこにいってしまったのでしょうか。

自分がこの争いに勝とうとすれば、内容はヒートアップします。

「お母さんの面倒をずっとみていたのは私だからね」

「何さ、その間にお母さんのお金いくら使ったの」

暴言が飛び交い、罵詈雑言《ばりぞうごん》が浴びせかけられます。


裁判所に持ち込まれた争族もやがて終焉《しゅうえん》をむかえます。そこでは、当事者全員が納得できるような結果にはなりません。ただし、その決定には従わねばなりません。そして、裁判所の判断はきわめてドライなものです。

法律や前例にもとづいて粛々と財産分割の手続きが進められます。たとえば、先ほどのセリフにあった「貢献」についての評価と相続額の増加については思惑が外れ茫然となります。弁護士費用にも足りないかもしれませんね。

「満足する相続はない」

その先に待ち受けているのは、大切なはずだった人間関係の崩壊、そして徒労感だけなのです。

〝争族〟の事例の多くは「二次相続」で起きている
――争いの芽は被相続人（両親）がつんでおくこと

一次相続（主に父親が死亡）の際は、残された母親に気を使うために子供たちの相続争いが起きることは少ないようです。

配偶者である妻が、夫の財産をそのまま相続したことにより、争族の火種は表面化せず、そのまま先送りされる場合が多いのです。

一次相続で、配偶者が半分以下の財産を相続すると、「配偶者の税額軽減」という規定が適用されます。この場合には、相続税を納める必要がありません。

ただし、一次相続において、この規定をフル活用してしまうと配偶者の財産が増えてしまうことがあります。この規定は、「引き継いだ財産のうち法定相続分（または1億6000万円まで）は、相続税を払う必要がない」というものです。

妻の法定相続分は、子供がいる場合は2分の1になります。

さて、ここからが問題となります。二次相続という難問です。

一次相続時の「税額軽減」はありません。むしろ、控除される法定相続人も一人減ることになります。そして今回は、先送りされた子供たちの相続についての綱引きが始まります。

亡くなった母親が、それなりの現預金を残してくれていればいいのですが、相続財産が「土地と中古家屋」だけとなると問題です。さらに相続人である子供が二人以上いれば、かなりの確率で「争族」となります。

理想は、両親が心身ともにまだ健全なうちに、「財産の整理」をして、一次と二次の「相続税」も計算して、二度の遺産分割を行う事でしょう。

不動産以外の財産を確認・整理しておく
――財産の全体がわからないと相続人同士が揉める

すでにご存知でしょうが、相続税の納付期限は被相続人（親）が亡くなった日から10カ月以内、全額を現金で一括納付しなければなりません。

現実的には、相続財産は家と土地が大部分という方が多いのではと思います。「現金一括納付」が原則ですが、納税分の現金が無い場合にも、①税額10万円超②期限内に現金納付が困難　③担保あり、という時には「延納申請」ができます。延納後にも納税資金ができないと、不動産による「物納」が必要となってしまいます。

この相続税については、「一次相続」時にはあまり問題にならなかったと思います。「物納」といった困った状況は、「二次相続」時には大いに起きています。

そこで、被相続人は次のような点に留意していただきたいと思います。
①妻や子供が知らない「休眠口座」や「へそくり口座」はありませんか。
②同じく内緒の「株取引」や「保険証券」「貴金属」はありませんか。
③同じく内緒の「借金」はありませんか。

①の「休眠口座」は取引が5年~10年ないと時効となり払い戻しができないことに、「へそくり口座」や、②の財産は税務調査で見つかると「申告漏れ」扱いとなります。
③にいたっては、相続手続きのときに初めてわかったときには、相続の内容まで変わってしまいます。
くり返しますが、相続財産の全体がわからないと相続人同士の争いが起きる確率がきわめて高くなります。元気なうちに、ぜひ自分の財産は調べて、相続人にわかるようにしておきたいものです。

相続で揉めない基本は相続人を平等に扱うこと

──遺言でも侵すことのできない遺留分

被相続人のなかには、法的に決められた相続人である自分の子供には、どうしても財産を残したくないと決めている方がいます。あるいは特定の方に財産をゆずりたいと思っている方もいます。

何があったのかは分かりませんが、被相続人には、自分の財産を自由に処分する権利がみとめられています。ですから、遺言書によって財産のすべてを寄付することもできますし、相続人の中の一人だけにすべてを与えることも可能です。

これから長寿時代になるとこんなA子さんのケースも考えられます。

「私は古希まで長生きできたけど、亭主には早々と先立たれ、たった一人の息子もがんで亡くなってしまった。孫もいないし、私が死んだらこの家や土地はどうなるのだろう」

「田舎に自分の母親が義姉と住んでまだ生きているけど」

「同居している息子の嫁には世話になっているので全部遺してやりたい」

そこで、遺言書を書いて自分が亡きあとは、全財産を嫁に「遺贈」することにしました。嫁にこの事を話すととても感謝してくれました。ついでに母親にも伝えました。

これで安心と思いきや、何と思いがけず田舎の母親からこの相続について異論が、というか「何でもとは他人の嫁に全財産をあげるのか」と苦情が義姉の口から出たのです。

A子さんの母親は健在ですから、財産分与の権利がありそうですね。

それは、法律で一定の「遺留分」というものが認められていて、A子さんの母親にも取り分があるということです。

相続が複雑になることを予測し準備をする

——相続を一層複雑にする3つの〝問題〟

「一戸建て」×「複数の子供」＝争族化、これは著者の持論ですが、さらに「遺言書」がないと相続は一層困難となります。

実際の相続手続きにおいて、「遺産分割協議」になったとしても、「全員合意」など絶対に無理と思われる状況が起きてきます。

その原因は次の「3つの〝問題〟」の存在です。

1．相続人が多い
2．隠し子の出現
3．不連絡者の存在

相続人が多くなれば、中には「モンスター相続人」といわざるを得ない人がいます。それはかなりの確率でトラブルメーカーとなります。

遠方に住んでいる相続人もいます。自分への相続額によっては参加を渋ることも有りそうです。さらに、外国に居住しているともなれば、さらに困難な状況となります。

また、家族が知らされていなかった「隠し子」、つまり婚外子がいて、相続を主張したらこれまた悩みのたねが増えます。

さらにです。失そう者や長年にわたり消息不明の人間には、特に注意が必要です。遺産分割協議は、「稟議」で全員が同席しなくてもできますが、明らかな「欠席」があると認められなくなります。

実際に、相続人全員の合意が難しいので、まずは「遺言書」が必要となります。財産をお持ちの方には、しっかりと老後の生活についてご夫婦で話し合われることがまずやるべき事です。そして、その先については、具体的な対応策を「遺言書」に遺していただくよう願うものです。

グローバル化時代で気をつけておきたい相続
――「戸籍」はわが国では唯一絶対の効力をもつ

日本人の長寿・高齢化と少子化・未婚成人増加という問題は、これからの日本社会の行く末が心配になります。労働人口の減少にともない、これからは海外から多くの人が移住してその不足をおぎなうであろう事は予測できます。

一方で、21世紀になってグローバル化が進むと、それまで年間数千件であった国際結婚が急増し、２００５年には年間４万件を超えるようになりました。

２０１０年以降は若干減少しましたが、それでも３万件以上あります。日本人が外国人と結婚し、そのまま海外に住むケースは、平成27年現在で約１３１万人が在住、約45万人が永住しています。そのうちどれくらいの人が国際結婚しているかは分かりませんが、相当数にのぼると思われます。

では、その方たちの相続はどうなっているのでしょうか。日本人が外国人と日本国内で結婚する場合は、日本人同士と同様の届け出をすればいいし、戸籍も日本人を筆頭者とする戸籍が作られます。ですから、相続の手続きの場合も特別問題はありません。

問題は、海外に移住した人が海外で子供を出産した場合ですが、日本国籍を持たないケースがあります。実は、日本の相続では「戸籍」によって相続人であることが証明できなければ、別の方法によって相続人であることを証明しなければなりません。

戸籍に記載されていないとなると、相続人として認識されないリスクが多くなるということになります。

ここでは詳細は省きますが、とても難しい手続きが必要となるのです。

一般の人が解決することは相当困難と断言できます。専門家でも、その手続きの煩雑さを思うとあまり関わりたくない相続案件です。

この事実を、被相続人が健在のうちに認識されて、「遺言書」を作成することが、やがてはおとずれる「相続」のときに相続人を救うことになるのです。

「困った相続人」が出現した相続

——ニート、引きこもり、パラサイト、といった相続人

戦後70年を経て、順調な経済発展とそれに伴う豊かさをわが国と国民は謳歌してきました。しかしここにきて、かつて経験しなかったさまざまな社会問題に直面することになりました。超高齢化、老老介護、少子化、格差、といった社会です。

そんな状況下にあって、夫婦ふたりで元気で長生きしようと思っている高齢者の老後が脅かされます。かつての日本にはなかった現象が起きているのです。それは、「浪費癖」の子供（親の財産を勝手に使う）

「ニート」働かない子供（親の年金をあてにしている）
「引きこもり」会話もない子供（親に衣食住を負担させる）
「パラサイト」の子供（親の脛をかじる）

こういった子供たちが現実に存在していて、親の老後を脅かしています。

親世代がまだまだ、心身とも健康であれば「問題」が起きることは少ないと思われますが、親世代の高齢化がすすむと同時に、これらの子供たちが、まさかの〝モンスター化〟します。

こういった相続人をもつ人は、とくに財産の管理には気をつけたいものです。

同居してくれるからと安易に管理を任せてはいけません。勝手に親の財産を使い込む事例が増加しています。相続財産を、勝手に自分の権利と錯覚しているのです。

子供の「家計」が助かっても、自分たちの「老後資金」が足りなくなっては元も子もありません。親にすり寄る「パラサイト」にはご用心ということです。「ニート」や「引きこもり」も大変な問題です。

ご苦労されている人は、何とか家族だけで解決しようと、この問題を先送りしている場合が多いようです。

親はいつまでも健在ではないし、親の「財産」は無限ではないことを理解させるために、何とか周囲の協力を得て、「自立」を促したいものです。

頭と体が健全なうちに「遺言書」を

――50歳を過ぎたら誕生日に遺言を見なおす

遺言書を書くということは、自分の人生を振り返り、今後の人生設計を決め、死後の家族のあるべき形までも設計することになります。

つまり、遺言は、死ぬ前に行う人生の「総決算」、あるいは人生最後の「大仕事」といえます。しかし、「人生１００年時代」、「80歳でも現役」といって、この大仕事を先延ばしにしていてはいけません。

そこでお願いしたいのが、「50歳を過ぎたら、誕生日に遺言書を用意してみましょう」ということです。１００歳のちょうど半分、仕事も脂がのっている時期、子供も成人、社会人になる頃でしょう。

ですから、遺言で処理することはまだ途中経過ですが、頭と体が健全なこの時期から人生の前半を精査し、後半を「設計」することで、より良い遺言書をつくることができます。

50歳からスタートし、55歳、60歳と歳を重ねていくうちに、自分をとりまく環境も違ってくるはずです。生前にできることはすべて生きているうちに手を打つように計画し行動します。

その結果をみて、その都度、最適な遺言書を作り直して行けばいいのです。

この遺言を考えるときには、誰にも相談せず「孤独な仕事」として行わなければなりません。もし相続人に意見をもとめたら、必ず何かしらの影響を受けることになります。それは長年連れ添った配偶者からのものかもしれません。

遺産を相続した人たちが、その後も仲良く幸せに暮らしていけるかどうかは、被相続人の生前中の「孤独な仕事」の出来次第にかかっているのです。

以上が、著者がシニアの皆さんに推奨する〝円満相続〟の心得です。

どうか参考にされて、まだまだ続く「人生１００年」を後悔のない充実した人生としてください。

第2章

長寿社会とシニア

《世の中の動きを知る》

シニアの賢い生き方

家族の絆も〝金次第〟と覚悟しておく

はじめの内こそ「可哀そう」と懸命に介護しようとしてくれた子供や配偶者たちです。が、その期間が予想以上に長くなり、いつ終わるかもわからない介護生活が続くうちに、「いつまで続くのか」という感情に支配されてくるようになります。その感情の原因は、肉体的な問題から、経済的問題もかかわってくるようになります。

そして、時として介護する側の人間が憎悪の感情まで抱くような状況まで追い詰められるようになり、その結果、「介護虐待」とか「介護殺人」などというおぞましい事件を引き起こしてしまうのです。

自分は親なのだから、子供がその面倒を見るのは当然といった考え方が通用したのは、ひと昔のことです。考えてみれば、地球上の動物の中で、子供に親の面倒を見させる動物は人間だけのようです。蜂の世界の女王バチがさしずめ親であれば例外かもしれませんが。動物界では巣離れした子供たちは、自然にみな独立して新たな家族を作ります。

親子関係について話し合うことができるのは、人間界だけなのです。財産の有効的な使い方を、親自身が元気なうちから真剣に考えて、対話をしておきたいものです。

シニアの賢い生き方

50代からの〝老後戦略〟を実行する

財産は一切相続せず。介護は一切不要、という生き方もいいのでは…。

「50歳を過ぎたら、遺言を書きなさい」（拙著『遺言と争族』の一節）。

遺言を書くということは、人生を振り返り、今後の設計を見直し、死後のことまでを予想することです。そして、遺言で処理することは最小限にして、生前にできることはすべて生きているうちに手を打つよう計画することです。つまり、遺言は死ぬ前に行う人生の総決算、あるいは人生最後のロードマップづくりなのです。

親が心身ともに自律（自立）できているうちに、子供に遺す財産と委託する役割について明確にしておくことで、子供側にも親への感謝と覚悟がしっかり自覚できるものといえます。逆に親のほうが、いつまでも財産状況や遺産の分割について具体的な話をしないで、そうこうしているうちに心身がボケてしまい、適切な判断や遺言を残せなくなってしまいます。その結果として、介護をめぐる痛ましい事件（介護虐待、介護心中、介護殺人）を引き起こしてしまうことにもなるのです。

この高齢者社会を生きていくためには、「財産は一切相続しない、介護も一切不要」という生き方もあっていいかもしれません。

シニアの賢い生き方

要介護と医療依存の余生は〝NO《ノー》〟!

自分の人生にそれなりに満足し苦難も乗り越え、60年以上にわたり、いわば「主役」を張ってきたシニア世代の人たちも、子育てが終わり、人生の後半の最終ステージを迎える時期にあたり、穏やかな老後を過ごせると誰もが想像しているはずです。

そんな日常がある時を境に激変してしまうのです。いままで心身共に現役であったのに、突然「要介護」や「医療依存」の状態に陥ってしまったら、その途端に人生の「主役」ではなくなってしまいます。そうなると、自分の意志で、自分の人生を選択できなくなるのです。

さらには、この「元主役」は、配偶者や子供にとって、時として、彼らの人生に対して「悪役」の存在となってしまうのです。

この「悪役」とは、時代劇やミステリーの世界では、最後には切り捨てられて当然といった、周囲にとって迷惑な存在のことです。

少し厳しい見方かもしれませんが、誰しもが迎える必然なのです。

「悪人」となってしまう前に、早め早めの対策（医療、介護）が必要となります。

シニアの賢い生き方

理想的な相続をしていた母親

母親が亡くなったため、相続人である３人の子供が申告をしました。

一次相続の際に遺された遺産（額）からすれば、母親が亡くなった今回の相続は申告さえしっかりしておけば何の問題もないと考えていたわけです。ところが、税理士が確認したところ母親の財産が増えていたのです。

相続人に確認しますと、母親の実家から親の財産が贈与されていたことが判明したのでした。亡くなったご主人の遺族年金で入所していた介護施設の費用も賄え、保険にも入っていて余分な支出はなかったのです。さらに、この母親は生前から３人の子供には平等に接していました。今回の調査で分かったことですが、母親は銀行の窓口に別々に子供を連れて行き、現金を３００万円それぞれに渡していました。この相続人たちも素直にこのお金を受け取っていました。

「母親がくれたので受け取った」ということで、遺産には興味はないようでした。今どきの「遺産争族」とは縁遠い家族だと感じ入りました。

ちなみに、「贈与申告」が為されていなかった３００万円も申告し、税務署の調査も問題なく、最終的には合計で約１０００万円の納税をしました。

シニアの賢い生き方

認知症で相続もままならない！

人生１００年といわれ、何やら定年後も70歳までは現役で働く時代となった社会となりましたが、皆さんはいかがでしょうか。

いまは元気で、妻や子供たちに迷惑をかけないどころか、自分が築きあげてきた財産をしっかり管理している。まだまだ「生涯現役」を続けていられそうだから、相続問題など無縁だとおもっているあなたに質問です。

まず、お子さんたちは何歳でしょうか。ご自分が80歳をすぎていれば、今は元気でも、ある日突然、「何かおかしい」と周囲からみられるときが必ずやってきます。はい、認知症のはじまりです。自覚があれば「早めに財産相続を考えて遺言をしておいた方がいい」となりますが、「まだまだ私は大丈夫」と考えて、そのままにしているうちに本格的に認知症になってしまいます。なんの相続対策をしないままです。認知症となれば、財産の管理ができなくなります。

不動産の売買をはじめ、贈与の内容を決める遺言をかくこともできなくなるのです。このような事例は、今後ますます増えていくと思われます。

高齢社会は、「老老介護」ばかりでなく「老老相続」社会にもなっています。

シニアの賢い生き方

生涯現役の秘訣は〝適度〟流です

〝頑張りすぎない〟〝すべてに適度〟な人の多くが楽しい人生をおくることができるようです。私たちシニアが望むのは、「生涯現役。ある日ポックリ大往生」ということです。配偶者や子供たち身内には迷惑をかけないこと。寝たきりや要介護で単に長生きしていても、本当の人生の終末期ではないでしょう。なんとか自分の事は自分でできる、自立した日常生活を普通におくり、気持ちよく人生を終了したいものです。そんな「生涯現役」で過ごすためにはどうするのが良いか、医師の志賀貢先生が著書のなかでこんな事をいっています。

元気で長生きした多くの人は、頑張りすぎない、一生懸命になりすぎない。適度にわがまま、適度の手抜き、適度にのん兵衛、適度に食いしん坊、適度にエッチ、適度のいたずら。こんな具合に、すべてに「適度」な人が、楽しい人生を送ることのできる人ということのようです。

巷にあふれている、「健康長寿に効く○○サプリメント」「□□食物は健康に欠かせない」といった健康法・医学情報などにのめり込んでいる人ほど、じつは早死にしたり寝たきりになったりしているようです。

シニアの賢い生き方

老老介護と老老地獄は長寿社会の未来!?

「日本人の平均寿命は世界一」といったマスコミ報道や国のＰＲに騙されてはいけない。私たちは戦後の平均寿命と比べれば確かに30歳は伸びていますが不老長寿になったわけではない。現実は「要介護期間」は女性12年、男性９年といわれています。

この「介護期間」の介護は誰がやるのでしょうか。資産家であれば医療施設もある立派な施設に入居できりし、自宅で介護人を雇うことも出来ます。

シニア人口（65歳以上）は３５００万人、そのうち要介護者６００万人、認知症患者５００万人で、予備軍をふくめれば１０００万人といわれています。

現実社会では、70代が90代の親の介護をする、70代の老妻が寝たきりの夫を介護する「老老介護」世帯が急増しています。

預金と年金を食いつぶしながら、身体が不自由な妻を介護している60代後半の男性がテレビで紹介されていました。パート勤務のわずかな収入で、このままでは20年持たない、自分自身の20年後はまったく考えられないということです。

老老介護をめぐる家族間の凄惨で悲しい事件が報道されます。

この現実は、まさに「老老地獄」といってても過言ではないでしょう。

●シニアの賢い生き方●

〝終の棲家〟をどうしますか

長年連れ添った女房に先立たれて早や5年、自分ひとりで家事もこなせるし、病気さえしなければ預金と年金もあと20年は大丈夫。

こう考えるA男さんですが、自分はまだ70歳、人生はあと20年はある、このまま年老いていいのだろうか、後悔しないだろうか、とも思い悩むこのごろです。

ふたりの娘と孫４人に恵まれ、たまに一緒に過ごすひと時はそれなりに楽しいのですが、自分の懐からはその都度お金が消えていきます。自分が倒れた時に果たしてどちらの娘が面倒を見てくれるのかと、二組の家族を思い起こします。

亡き妻と建てたこの家も築30年の中古物件、土地だけは60坪はあり、売ればそれなりの金額になるはずだから、相続ではモメないようにしなければとも思っています。

「介護施設」に入居して、娘たちには迷惑をかけまいと思っていましたが、やはり面倒をみてもらおう、それには早めに相続と介護の話をした方がいいのではと思い始めています。

シニアの賢い生き方

〝結婚しない人〟は他人ごとではない

日本は、今や世界有数の「結婚しない人」が多い国となりました。

２０１０年の「生涯未婚率」（一度も結婚したことがない人）は、国民全体の20・14％、実に５人に１人がこの生涯未婚ということになります。２００５年からのこの５年間で約５％も増加しています。ちなみに、女性は10・６％、10人に１人が未婚のままということになります。

さて、シニア一歩手前の50代の男性はどうでしょうか。

未婚率は15・４％、約６人に１人が一度も結婚したことがないということです。この年代になると、自分のライフスタイルが決まっています。自由気ままに生活してきたわけですから、いまさら結婚する気にはなりません。しかし、同時にこの年代は二つの問題に直面します。一つ目は、「老親」との関係です。相続の問題はもちろんありますが、それ以上に悩ましいことは「介護」です。

親はいつまでも元気でいるわけではありません。ある日突然、その日が訪れます。もう一つは、自分自身の老後を考え始めます。そこで「伴侶」を探すのですが、結婚したいと考える相手の理想が高すぎ、なかなか思い通りにはなりません。

シニアの賢い生き方

日本人の平均寿命の真実

平均寿命が延びるという事は、社会保障費も高騰するということです。日本人の平均寿命が延びていることは大変よろこばしいことですが、一方で急速な高齢化が問題となり始めました。

さらに「２０２５年問題」が深刻さをましています。それは、約７００万人といわれる団塊世代が75歳以上の後期高齢者になる年です。25年以降は、２２００万人、4人に１人が75歳以上という超高齢社会が到来することになります。

これまで、国の社会保障制度を支えてきた団塊世代が、逆に給付を受ける側に回るわけです。そのため、医療、介護、福祉サービスにかかるお金が相当な額になることは明らかです。高齢になれば、病気やケガをするリスクも高まり、「寝たきり」や「痴呆」といった障害も増加して、それにともない介護が必要となります。

介護の必要のない、日常生活に支障のないままに年輪を重ねる「健康寿命」の大切さが身に沁みますね。「平均寿命」と「健康寿命」の差は、男性は９・13年、女性は12・68年あるといいます。平均寿命が今後の延びても、健康寿命との差が解消できなければ、医療費や介護費の増加は必至でしょう。

シニアの賢い生き方

アクティブシニアの時代が到来

最近、山の事故（遭難）のニュースを見て気付くことがあります。それは、当事者の年齢の高さです。60代はざら、なかには70代の方も混じっています。以前は山登りをする人たちは、それこそ屈強な若者たちというイメージでしたが、この若者たちの40年後なのでしょうか、いわゆる団塊世代のシニアが元気なようです。

さて、「アクティブシニア」とは何か。「自分なりの価値観をもち、定年退職後にも、趣味や奉仕活動などさまざまな活動を意欲的に実践している元気なシニア層であり、主に２００７年以降に定年を迎えた団塊世代」をさすようです。

この世代は戦後の高度成長時代に青春時代を過ごし、若い時から旺盛な消費文化を体感し、その時代の流行を牽引してきました。

70歳を前にしても、山登りや温泉旅行といった従来からのレジャーだけでは満足せず、コンサートめぐりや海外旅行、さらには豪華客船による世界周遊クルーズなどを楽しんでいます。また、趣味を活かすため高級デジタルカメラ、ＳＮＳ、大型テレビからキャンピングカーやスポーツカーを購入するなど消費意欲も旺盛です。

自分の人生を大事にするために資産を使うシニア層ともいえます。

シニアの賢い生き方

弁護士増加と争族の関係

弁護士といえば、わが国では医師とならんで、最難関の国家試験を突破した超エリート。その弁護士が、今や大企業のサラリーマンよりも稼げないということになっているようです。日経新聞によれば、「弁護士の年収低下、新人は５年前比２１０万円減で平均年収は５６８万円。27％もダウン」ということです。

２００６年に新司法試験制度が導入されてから、毎年５００人ほど合格者が増加、10年間で１万４千人も激増した結果、弁護士一人当たりの仕事は減り続けているということです。法科大学院の募集が激減しているのも関係しています。

アメリカという「訴訟大国」では、飲み物一杯の係争に数十億円という損害賠償の判決例があり、交通事故では救急車よりも早くかけつける弁護士がいて被害者に名刺をだすといった話まであります。

幸いにもわが日本は訴訟大国のアメリカとは違い、民事・刑事の事件で弁護士のお世話になる数はそれほどありません。そこで気になるのが「相続」に関する〝争族〟裁判です。近年、弁護士を立てた「相続裁判」が急増しているのはこの社会現象と無関係とは言い難いと思いますが、皆さんはどう思われますか。

シニアの賢い生き方

熟年再婚には〝落とし穴〟がありそう

世の中は今まさに、シニア婚活ブームのようです。会員制のお見合いパーティ、婚活ツアー、有名ホテルでの婚活イベントなどめじろ押しです。そこでめでたく熟年カップルが誕生し、さらには結婚となるケースもあるわけですが、未婚者同士の若年結婚とちがい、いろいろな問題を抱えている二人の結婚です。当然のことといえばそれまでですが、いざ結婚したら途端にいろいろなトラブルが起きるケースが急増しているようです。

子供との軋轢《あつれき》は予測できても、お互いの親の介護はどうするか、といった問題に直面することになります。トラブルを抱えれば健康にも影響するし精神的にも追い詰められます。「こんなはずではなかった」と少しでも愚痴れば、親戚からはそれ見たことかといわれ、夫婦の間も何やらギクシャクとしてくる。

「シニア婚３大トラブル」といわれているのが、「遺産」「年金」といった財産問題、そして親の「介護」です。

熟年になって芽ばえた恋が生まれ、幸せで穏やかな老後を期待して実際に結婚してみれば、待っていた現実は…。

シニアの賢い生き方

養子縁組の長所と短所を知る

「養子縁組」の相続税に対する長所（メリット）としてはまず、「基礎控除（非課税枠）が増える」といったことがあげられます。

では、短所（デメリット）はあるのでしょうか。まず考えられるのは、他の親族が知らない、了解していない「養子縁組」でしょう。

この状況ですと、「遺産分割」が相続税の申告期限までにまとまらない可能性があります。こうなりますと相続税法で認められている「税を優遇する制度」が使えない事態となります。

また、「孫養子」も、税制改正のよって一等親の血族には含めないことになっていますので、20％の割増とされます。さらに、この「養子（縁組）」に合理的な理由がないと判断されますと、単純に「相続税を少なくするための養子」であるとされ、「租税回避行為」とみなされかねません。被相続人が長男の孫と結んだ養子縁組が有効かどうか、最高裁まで争われているケースも最近ありました。「養子縁組」の際はくれぐれも慎重にしてほしいものです。

シニアの賢い生き方

平均寿命と健康寿命のちがい

平均寿命は世界一でも、要介護が平均10年余の現実をご存知でしょうか。

日本人の平均寿命は世界一と新聞やテレビで取り上げられます。「平均寿命」とは、死亡するまでの年齢をいいます。この平均寿命と対比する意味で、「介護などを必要とせず、また障害がなく自力で日常生活を送ることが出来る期間」を「健康寿命」といいます。人に頼らず、自分の力で、明るく元気で生活したいと、誰もが願っています。子供から見れば、親にはいつまでも長生きしてもらいたいと思うでしょうが、現実問題として、重度の要介護状態が長引くようになると、子供ばかりでなく、その家族の生活にも極めて大きな負担となってしまいます。

国も「健康日本21」といった目標をかかげ、食生活や栄養、運動など、心と体の健康をテーマに生活習慣病の予防を奨励しています。しかし、現在のところ思うような成果は得られていません。

ともあれ、人生の最後の10年近くは、日常生活の制限を受けて、人の介護に頼ることを余儀なくされることを覚悟しなければいけないということです。そうならないために、最善の行いを肝に銘じつつ生活することが大切です。

シニアの賢い生き方

〝老親パラサイト〟の出現

戦後の日本社会の変化を簡単にあげますと、経済成長と中産階層の増大、世界一の長寿化と少子高齢社会といったところでしょうか。ところが現在では、経済の停滞と富裕・貧困の格差拡大、医療・介護の拡大となります。

この変化の中をシニア世代は体験してきたわけですが、さらに60歳の定年を境に、仕事を離れ退職金と年金生活、趣味や安らぎのある老後を予定してきました。ところが時代は、激変し定年は延長、65歳どころか70歳まで働け、となりつつあります。

とにかく元気なうちは働くのは苦にしないシニア世代ですが、困った状況が増えつつあります。夫婦ふたりであと20年間生活するためには、「老後資金が３０００万円必要」とされています。年金と預金をたして70歳までパートをすれば、何とかできそうなこの「老親」に、「稼ぎ・収入ゼロ」の子供が同居しているのです。

そして、「ニート」や「引きこもり」になってしまった子供たちは、いつまでも巣立つことなく安住の地として生活していきます。「親はいつまでも親」ということの状況は、「共倒れ」の可能性が限りなく大きくなります。

かといって、一家庭で解決できそうにもない問題、難問題です。

シニアの賢い生き方

介護で自分の老後資金が危機!?

65歳になるA男さんは、脳梗塞で倒れた5歳年下の奥さんの介護を自宅で始めました。自宅の改装などで１００万円ほどかかり、さらに今後の１ヶ月当たりの介護・医療費が約６万円です。A男さんはパートもやめて介護をする決意です。年金も二人分で年２００万円あるし、預金も１５００万円ほどあるので何とかなると思っています。

さて、老後資金は大丈夫か？　平均的なケースとして、夫は60歳で定年退職し、嘱託やパートでできれば70歳まで働き家計の補助とし80歳まで生きるとします。妻は夫より5歳年下で、やはりパートを65歳までして家計を助け85歳まで生きます。妻と二人の生活期間が20年、27万円（二人分）×12ヶ月×20年＝６４８０万円となります。平均寿命から妻はその後10年で、15万円（一人分）×12ヶ月×10年＝１８００万円となり、総額約８０００万円となります。

収入は？　夫婦の年金の総額は約４６００万円、あと必要な「老後資金」は３４００万円です。先ほどの平均貯蓄額１５００万円を加えても、１９００万円が足りませんね。二人の一年間のパート収入が１９０万円以上あり、10年間働けば数字上は何とか行けそうです。でも、先ほどのA男さんはどうなるのでしょうか。

シニアの賢い生き方

「子孝行」という相続がいちばん

「親孝行したいときに親はなし」という言葉がありますが、相続に関しては、「子孝行したければ円満相続」という言葉があってもいいと思います。

私たちシニアを取り巻く現代の日本社会は、長寿社会であると同時に、格差社会、訴訟社会でもあります。

可愛かった子供たちも、自分らの生活を守るために共稼ぎやら、子育てに悪戦苦闘の毎日で、老親たちシニアとゆっくり過ごす時間は遠のくばかりです。

テレビ漫画の「サザエさん」が年代を超えて支持され、長寿番組になっているのもわかります。三世代家族が何だかんだと揉めながらも、皆が仲良く住んでいる日常の風景に家族の理想をみているからでしょう。

妻と一緒に築いた家庭と財産、よく頑張りました。さあ、これから人生、最終コーナーはもうすぐかも知れませんね。理想的な遺言、相続をしましょう。

相続人の確定は？　生前贈与は？　財産の確定は？　余分な不動産や貴金属は？　よもや婚外子は？　遺贈や寄与分は？　二次相続は大丈夫ですか？

両親にいつまでも感謝している子や孫の姿を天国から見たいものです。

シニアの賢い生き方

熟年夫婦の妻の〝ホンネ〟を知っておく

60歳以上のシニアを対象に調査したところ、習い事や学習の機会を定期的にもっている人の割合は、男女共に60代がいちばん多く、次いで多いのが70代ということです。積極的に習い事をしているのはやはり女性で、普段からご近所同士のお付き合いがあるため、誘い合う機会も多く、気軽に楽しんでいます。

一方、男性は、定年後には外出する理由もなく家にいることが多くなります。

そこで、妻の習い事に夫も参加してみたいと思い、「○○教室って、男の人もいるの？」と聞いてみると、「何で？」と素っ気ない返事なのです。

あるデータによりますと、シニア世代のご夫婦に「配偶者といっしょに習い事をしたいですか」と尋ねたところ、夫が妻と一緒にしてみたい割合が30％もありました。ところが、妻側からの一緒にという回答は13％しかありませんでした。

これは、夫の「片思い」ということになり、妻からすれば、年がら年中家で顔を合わせているよりも、一人の時間を楽しみたいという事なのでしょう。

世の男性諸氏は、「亭主元気で留守がいい」という妻のホンネを肝に銘じておくべきかもしれませんね。

●シニアの賢い生き方●

エンディングは何ごとも〝自衛精神〟で

「人生１００年時代」となると、定年を65歳として、30年のセカンドライフがあるわけです。すごい時代となりましたね。

高度経済成長の恩恵を受けた１９７０年代では定年は55歳でした。平均寿命は男性69歳、女性74歳で、10歳以上延びたことになります。現在は定年は65歳となりましたが、「定年廃止」という声も聞こえてきます。「生涯現役」「健康寿命」の掛け声がやたらと大きくなった気もします。

私たちシニアにはいろいろの人生が待ちうけます。生涯独身で人生を過ごす人、結婚しても配偶者と死別し子供が巣立っていった人、健康な人、介護を受ける人、まさに「人生いろいろ」でしょう。

但しこれだけはいえます。これからの「超高齢化社会は自衛社会」であることを確認しておくことが大切だと思います。つまり、最終的には、自分のことは自分で何とかしなければダメ、ということです。老後の介護を子供に、とりわけ娘に期待するシニアは多いと思います。でもその娘も、「結婚しない」「非正規」であったり、家庭を持っても「パラサイト」となる可能性があります。

第3章

長寿社会とシニア

《知っておきたい常識》

◆シニアの賢い生き方◆

「空き家特措法」知っていますか

「住まない」「売れない」からと放置しておくと、「特定空き家」と見なされると、現在の土地の固定資産税が6倍に。法律で罰せられることも…。

「空き家対策特別措置法」が正式な名称です。この法律は、住むこともなく、そのまま放置してある家主にとって重要な意味をもってきます。

高齢者社会になった現在、親と子供が同居する世帯は減少し、介護施設を利用することが多くなりました。高齢者比率が高まるにつれて、親が介護施設に入所してしまい実家が空き家になってしまうのです。

この法律は、「空き家」の定義として、「居住その他の使用がなされていない状態である建築物とその敷地」とされ、年間を通じて使用されていないことが挙げられます。ただ、この「特措法」は、すべての空き家を対象にしているわけではなく、空き家にしておくと、放火・倒壊・衛生上の影響・通行の妨げ、などを引き起こす原因になるということで「特定空き家」と法律で決められます。放置していると、近隣からの通報で国や市町村から検査にきて指定されてしまいます。

建物がある土地は、土地の固定資産税が最大で６分の１まで優遇されていますが、「特定空き家」になると、建物とは見なされないので土地だけの固定資産税が課せられてしまいます。

◆シニアの賢い生き方◆

空き家のリスク

団塊世代が建てた家が空き家となって急増している？
実家が売れないうえに、税金まで上がるという…。
住宅ローン減税の弊害が出てきた！

東京都下の住宅地に30年前念願のマイホーム一戸建を購入したAさんですが、いま千葉にある実家をどうするかで悩んでいます。４年前に母親が亡くなり、妹となんとか二次相続の手続きをすませたのですが、当てにしていた実家が思うような金額で売れません。最近よくいわれている身内同士による「争族」もなく、実家が売れたら妹にもそれ相当の金額を渡そうと考えていました。ところが新聞や週刊誌の情報を読みますと、「首都圏の比較的都市部でも、空き家が余り気味で買い手がつかない」ということです。

千葉県は「空き家率」が11・９％で全国的には９番目に低いといわれているのに、地元の不動産屋の話とはだいぶ違い戸惑っています。２０２０年のオリンピックを前に、マンションの建設ラッシュや住宅ローンの減税、金利低下、など聞く話と現実の話がどうも違いすぎていると感じていました。実家を売るのはもう少し待とうと思っていたところ、昨年になって不動産屋から「空き家特措法」という法律が出来たと聞きました。今までのように「値上がり」を待つということが、得にならないかもしれないといわれました。

◆シニアの賢い生き方◆

成年後見制度の弊害

長寿、核家族、孤独…これが現代の日本社会。
家庭裁判所が選んだ成年後見人の現役弁護士が、
痴呆老人の1億円を横領するというお粗末な話。

——成年後見人などの立場を悪用して、財産管理を任された認知症の高齢女性ら３人の預貯金から計１億１２００万円を着服したとして、業務上横領罪に問われた元弁護士Ｗに対して、東京地裁は懲役６年の実刑判決を言い渡した。裁判官は「被後見人らの信頼を裏切る背信的な犯行で、成年後見制度に対する社会の信頼を揺るがしかねない」と厳しく批判した（毎日新聞より）——

近年よく耳にするこの「成年後見制度」ですが、簡単にいいますと、知的障害、精神障害、認知症などの精神上の障害をもつ人が、判断能力が十分でないために不利益を被らないように、家庭裁判所に申し立てをして、その人を援助してくれる人間を付けてもらう制度をいいます。この制度によって、身寄りのない人でも安心して生活することができます。羽毛布団や屋根の修理など無理やり契約させられてしまう悪質なケースが報告されていますが、この場合にも、この制度によって被害を防止したり、救済されることができるようになるはずです。

「まさか弁護士が！」、現在の日本社会では、けっして他人事ではありませんね。

◆シニアの賢い生き方◆

遺言書の危うさ

相続額に満足する相続人はいない！
遺言書は完璧な遺言はできない。
「遺留分」は用意しておくこと。

「相続で争族は絶対ＮＯ！」と著者は10数年も前からその著書で訴えています。最近の傾向では、親世代の長寿化により、三世代をまきこんでの相続争いが増加しています。

「相続争い一般家庭で急増…遺産額５０００万円以下がこの10年で50％増」、これは日本経済新聞２０１４年10月28日付け夕刊一面の記事でした。「争族」に関して、ここで二つのことを明記しておきたいと思います。

一つめは、「相続額に満足する相続人はいない」

二つめは「遺言書は完璧ではない」、ということです。

「どうしてもあいつには財産を１円も譲りたくない」という気持ちは充分理解できます。しかし、その意思を「遺言書」に託しても、なかなかその通りに行かないのが「相続」です。「争族」になることで、結果的に財産を譲りたい相続人を苦しめることになります。時には裁判で「遺言書」が無効にさえなります。そこで、訴えられない「遺言」の知恵が大切になります。

◆シニアの賢い生き方◆

「特別受益」があったことを忘れずに

「法定相続分」だけで遺産分割をして大丈夫？
お子さんのどなたかに「資金援助」をしていませんか？

「そろそろ遺産分割を」と、考え始めたときに留意してほしいことがあります。

例えば、お子さんたちに次のような援助がありませんでしたか。
①同居することにより長男に家賃援助をしている、②長女に結婚資金として５００万円を援助している、③二男に学費を全額出してやっている、その他に住宅購入資金援助や留学資金援助などがあります。
生前に親からの資金援助があった場合、それらすべてが相続の対象になるということなのです。

民法９０３条では、生前に被相続人から、前述したような援助を贈与として受けていた相続人に対しては、それらを「特別受益」として考えられています。それを踏まえ、各相続人の相続分を算定するのです。

ですから、法定相続分だけで一律に遺産分割をしてしまうと、不平、不満を持つ相続人が必ず出てきてしまうのです。

かえって、「争族」を引き起こすことがあることを忘れないようにしてください。

◆シニアの賢い生き方◆

シニアの相談トップ10

相続相談の9割以上が、医療・福祉・お金・葬儀に集中しています。
次の10項目を参考にしてください！

1. 条件に見合う老親の「終の棲家」（シニア向け施設）
2. エンディングに向けてのプランを作成したい
3. 認知症が出た老親との接し方について
4. 財産分割の考え方や方法について
5. 予算内ですべて出来る葬儀社を探したい
6. セカンドオピニオンについて知りたい
7. 医療や介護費用の軽減策について知りたい
8. カルテや検査データの入手方法について知りたい
9. 親子関係、夫婦関係の改善方法が知りたい
10. 終末期の延命措置拒否について知りたい

（ＮＰＯ法人二十四の瞳『誰も教えてくれない〝老老地獄〟を回避する方法』より）

◆シニアの賢い生き方◆

遺言書に「花押」は有効か

本当にあった話です。
元琉球王国高官の子孫が捺印。
最高裁は「押印」の代わりと認めず。

遺言書の大切さについては皆さんも重々ご承知のことと思います。

身内同士の相続をめぐる争いを防ぐためにも、財産の多少にかかわらず、是非とも遺言書を残していただきたいものです。

遺言書は、一番ポピュラーかつ被相続人の意思を反映させることができる唯一の「武器」であり、完全無欠とはいえないものの、民法が認めた効力をもつ有効な手段です。なかでも、「公正証書遺言」といわれる手続きが法律上、完全な証拠力として認められています。詳細は「遺言書」について書かれた本をお読みください。その手続きのなかで、「遺言者の実印と印鑑証明」が必要とあります。

先日、最高裁でちょっと変わった判決がありました。

―自筆の遺言書が本人の意思で作られたことを担保するため、民法は署名と「印」の両方が必要と定めている。手書きのサイン「花押」が印として有効か否か。裁判長は「花押で文章を完成させる慣行や意識はなく、押印と同じものとは認められない」と指摘しました。一、二審では「花押は認印よりも偽造が難しい」と有効であるとしていた。―　ここでも、やはり肉親による争族があったようです。

◆シニアの賢い生き方◆

「凍結預金」をどうする

亡くなった親の銀行口座がわからない！
印カン、カードが見つからない！
あなたは相続人を困らせたいですか。

「お母さんの定期預金が解約できない！　どうしたらいいの？」という話はよく耳にします。

「死亡と同時に口座が凍結される」というのは本当の話です。

銀行や郵便局の預貯金は、金融機関が本人の死亡を知った時点で口座を凍結させます。なぜなら、相続が始まった瞬間から、残された財産は相続人の共有財産となるからです。

まず、口座の凍結を解除するには、遺産分割協議を速やかに完了させることが求められます。これがまた、相続人にとっては大変手間のかかることになります。

金融機関での相続手続きは、多くの書類を提出したり、かなり面倒です。

それは、相続人の共有財産を守るためでもあります。

相続が発生した時に起きるであろう、子供同士のトラブルを防ぐためにも、あらかじめ金融機関に預けてある預貯金は、お子さんなど相続予定者に明らかにしておくことも考えておくべきでしょう。

◆シニアの賢い生き方◆

「遺贈」ってなんだろう

妻やわが子の他にも財産を
残してやりたい人がいたら…。
そう思ったら…。

「遺贈」とは、遺言書でお金をあげたい人に残せる贈与のことです。

昨今では、身の回りの世話や介護を身内以外の人が行うケースが非常に多くなってきています。

相続といえば被相続人の財産が法定相続人に引き継がれることであることは広く知られていますが、今後、「遺贈」という選択肢も知っておくとよいでしょう。

たとえ血が繋がっていないとしても、親身になり面倒をみてくれた人に遺産をあげたくなるのも人情です。

遠くの親戚より、近くの他人ではないですが、案外、相続人以外の人の方が世話をやいてくれる場合もあります。

しかし、いくら感謝の思いを募らせたとしても、まったく意味がありません。法的拘束力を持たせ現実に財産を渡すためには、できるだけ明確に遺言書に記す必要があります。

できれば、「公正証書遺言」の作成をおすすめします。

◆シニアの賢い生き方◆

「生命保険」を賢く使う

生命保険金は相続財産とは
別に扱われる現金。
争族を防ぐには、これが有効。

相続のことを考えたとき、まず思い浮かぶのが「生命保険」ではないでしょうか。その考えは間違っていません。相続の対象財産を精査する場合、問題になってくるのが「生命保険」だからです。

より詳しく説明すると、「生命保険請求権」が、受取人である指定者に保険契約の効力発生と同時に、指定者の固有財産となり、その後、生命保険金を指定者のみが取得できるしくみになっているのです。

つまり、相続に関するのは、「生命保険金請求権」であり、保険金という現金ではないのです。なお、相続の段階では保険金を請求する権利はあったとしても、現金化はされていません。

ここで注視してほしいのは、生命保険の保険金は原則的には相続財産とは切り離して扱われるということです。

生命保険をうまく利用することにより、相続が滞りなく進められることがありますから上手な活用を考えておきましょう。

◆シニアの賢い生き方◆

こんな人は「遺言」を残すべき

三男だが、あいつに家業を
引き継いでもらいたいのだが…。
私が亡くなると老妻だけになってしまうが…。

遺産の多い少ないにかかわらず、遺産分割のトラブルは起きるものです。遺産相続のことで少しでも不安や心配なことがあるのならば、遺言書の作成を視野に入れておきましょう。

「相続」が「争族」にならないためにも、特に次のケースに当てはまる人は検討が必要でしょう。

①相続権がない人に財産を渡したい
②先妻の子と後妻およびその子がいる
③財産を渡したくない人がいる
④家業を引き継がせたい
⑤財産の大半が土地や建物などの不動産である
⑥夫婦間に子供がなく配偶者と被相続人の兄弟姉妹が相続人
⑦相続人がいない

中でも、法定相続人の特定が困難だと思われる場合は、遺言書を遺しておくことです。

◆シニアの賢い生き方◆

余命わずかでも贈与はできる

がんが見つかった…、税金対策は何も…、
孫への贈与は税金はかからないと聞いたが、
ほんとうだろうか？

「亡くなる3年内に生前贈与をしても無効になってしまう」ということをご存知ですか？　慌てて相続人に生前贈与をして、相続税を節税しようとしても全て無効になってしまうことは事実です。

税務上、「相続開始前3年以内加算」という決まりが設けられているからです。

その規定を少し踏み込んでみると、「相続又は遺贈により財産を取得する者」の贈与のみ適用されるとなっています。見方を変えると、孫や親族などはその対象ではないのです。たとえ3年以内であっても、「相続又は遺贈により財産を取得する者」以外に相続する場合、相続税に関してまったく気にしなくてよいのです。

孫へ贈与を行う場合がその一例です。

ただ、注意しなくてはならない点もあります。その贈与が「連年贈与」または「名義預金」とならないための知識と準備が必要であるということです。

世代を越えた節税手段も、超高齢化社会へと突入した今では、とても重要な選択肢の一つであることは間違いないといえるでしょう。

◆シニアの賢い生き方◆

最低限の権利「遺留分」に留意

遺言は100%は実現できない!
財産を渡したくない人間がいても、
法律は認めてくれない。

全財産の相続を遺言書に記したとしても、相続人に対して侵害できない最低限の権利を保証している決まりがあることを知っておいてください。

残された相続人の生活に大きな影響を及ばさないための配慮から、民法で定められています。

基本的に遺産分割は遺言に基づいて行われますが、「遺留分」という制度があることを忘れないことです。相続人の遺留分を害するような遺言には、最低限の権利として、遺贈や贈与の減殺を請求されます。なので、遺言どおりに上手く相続財産が分けられるとは限らないのですが、遺言書を残さないでいると、事はもっと複雑になってしまいます。

もちろん、相続人からしてみれば、意思と反したことが遺言書に遺されていたとなれば、遺言者から裏切られたという感情が生まれ、「相続」が「争族」になっていくのは避けられないでしょう。

遺言書を遺す前に、留意しなければならないことを学ぶ必要があることは確かなのです。

◆シニアの賢い生き方◆

おひとり様の相続

相続時の税金は決してお金持ちだけの問題ではありません。
特に「二次相続」時に要注意です。

「夫（妻）の場合、相続税がかからなかったから自分のときも同じだろう」と、考えていませんか。実は、そんなことはありません。

配偶者がいた当時、「配偶者の税額軽減」が使えたことと、土地に関しても「小規模宅地等の特例」が認められたため、相続税がかからなかったのです。

しかし、「おひとり様」となってしまった今、基礎控除も一人減り、「配偶者の税額軽減」もありません。さらに、同居している子供がいなければ、原則として「小規模宅地等の特例」も適用されません。

そうなっては、思っていた以上に相続税がかかってしまい、相続する人も驚いてしまうでしょう。

配偶者のいない「おひとり様」ほど、早めに相続税対策を考えた方がいいのです。

自分が認知症なり、亡くなってしまっては、打つ手は限られてきてしまい、結局損をしてしまう可能性も考えられます。

◆シニアの賢い生き方◆

おひとり様の終活

エンディングノートは、
自分の人生を振りかえる一冊の本。
「遺言書」ではありません。

ここ数年の間で、「終活」という言葉がすっかり世間に定着しました。

誰もが、できることならば自分の死に伴うことはあまり考えたくはない、というのが本音でしょう。その感情を上手く後押ししてくれるのがエンディングノートであり、「終活」という言葉なのです。

現在、さまざまなエンディングノートが販売されていますが、エンディングノートの良い点は、見落としていた細かいことも、項目ごとに整理できるというところです。

ただ、大きな問題もあります。

エンディングノートに財産の分け方を明確に書いたとしても、相続の手続きにはまったく効力を発揮しないという点です。

自身の心の整理にもなりますし、とても大切なことでおすすめはしますが、遺言書とは違い、法的拘束がないことをしっかり頭に入れておいてください。

やはり、まとまった考えは、遺言書にしっかりと遺す必要があります。

◆シニアの賢い生き方◆

「申告漏れ」徹底的に調べます

将来のためにと考えて、
子供や孫の名義の預金口座を
作っていませんか？

「生きているうちに、夫（妻）名義の口座に現金を移してしまおう」と、相続税逃れをしようとしても、結局は無駄な努力です。

後の税務調査で、「みなし相続財産」として捉えられます。

特に、税務調査で厳しく調べられるのが「名義預金」です。

預貯金だけでなく、名義を変えた保険契約も例外ではありません。

つい忘れていた、うっかりしていたといっても、けして許されません。

すぐに、預金取引履歴などを基に調べられ、いつ、誰が所有・管理していたかが分かってしまうのです。

税務署でも目を光らせています。

実際、「申告漏れ相続財産額」の１位は、「現金・預貯金」であることがすべてを物語っています。

あまりにもひどい場合、「重加算税」がかけられることもあります。

◆シニアの賢い生き方◆

突然の「相続のお尋ね」が

相続人同士の揉めごともなく、
やれやれ相続も無事すんだ…。
ところが突然税務署から…。

意図的に財産を隠し、発覚した場合には容赦なく「重加算税」がかけられます。

「おかしいですね。私たちの調べた出金履歴によると、こうなっていますが……このことにお心当たりはありませんか？」

「まったく知りません」

「そうですか。実のところ、このような証拠があるのですが、どうですか？」

と、突然に税務署職員が申告漏れを指摘してくるかもしれません。

相続人がそのようなことにならないためにも、被相続人であるあなたが、生前にしっかりとお金の流れを管理しなくてなりません。

そうならないための近道は、やはり、相続を専門に扱っている税理士に相談するのが一番です。

今や、「相続」と「節税」はセットとして考えられている時代です。

隠すのではなく、賢く引き継ぐことが今や求められているのです。

◆シニアの賢い生き方◆

特別に貢献した人に「寄与分」を

とても世話になったのに、
息子たちの妻（嫁）には、
財産は渡りません。

たとえば、あなたの身の周りの世話をしてくれている人が、次男や三男の妻であったとします。あなたの胸の内では、息子の妻だから、遺産分割もあるだろうと安易に考えていたのならば、それは間違っています。

誰から見ても遺産を受け取って当然だというくらい献身的に面倒をみてくれたとしても、相続ということから考えると、この息子たちの妻はあくまで第三者であり、法定相続人ではありません。

つまり、あなたの遺産を、彼女らは1円も相続をする権利がないのです。

民法では、亡くなった人を手伝い看護をするなど、亡くなった人の財産を増やし、維持することに特別に貢献をした相続人には、貢献度合いにより多く財産をもらうことが認められています。これが「寄与分」です。

相続人以外の人間に財産を遺したい場合は、遺言書に「遺贈」する旨を明記することで可能となります。

◆シニアの賢い生き方◆

遺族年金などの手続き

相続税の対象となる年金は?
贈与税の対象となる年金は?
夫婦二人の年金でやっと生活していたのに…。

厚生年金や国民年金などを受給していた人が亡くなると、遺族に対して支給されるのが、「遺族年金」です。原則として、所得税も相続税などの課税はありません。注意が必要なのは、相続税の課税対象である「年金受給権」です。

遺族年金は、その受給者や支給規定が法的に定められています。解釈としては、遺族の生活保障という趣旨で給付される金銭であり、受給者固有の権利であると言えます。

となると、相続財産とはまったく違ったものなのです。

年金受給者が亡くなった場合、年金を受ける権利はその時点でなくなります。死亡をしてから14日以内に届出をしなければなりません。

しかし、年金受給者が死亡した場合でも、その年金によって生計を立てていたと認定されれば、遺族年金が受けられる可能性があります。

いずれにせよ、社会保険事務所または、年金相談センターに相談をすることをおすすめします。

◆シニアの賢い生き方◆

特定の人に財産を残したい

どんなに仲の良かった子供たちでも
争いが生じるのが相続、
と思っていた方がいい。

超高齢化が加速する現代において、遺産をあげたい想いが特定の相続人にある場合が多くあります。そうした場合、実現するには、はっきりと遺言書に記すしかありません。その時に注意しなくてはいけないのが、相続をする権利を有する者に、何度も口頭で伝えただけでは、まったく法的な効力がないということです。

・家を出た長男、次男ではなく、同居の三男に財産を相続させたい
・長男には住宅資金などを出資したので、家を出た次男、長女に相続させたい
・企業の株式を保有しているが、特定の相続人に引き継ぎたい
・身の周りの面倒を見てくれた内縁の妻に遺産をあげたい

など、様々な事情が複雑に絡み合っています。

どんなに仲が良い子供たちでも、揉めるのが相続なのです。

何より、特定の相続人に財産を残したいと思っているのであれば、遺言書に明確な意思を書くべきです。

遺言書の基礎知識

遺言書は、相続に関して被相続人の意思を反映させることができる唯一無二の「武器」であり、完全無欠とまではいえませんが、民法が認めた効力をもつ有効な手段です。

ただし、その効力を十分に発揮させるためには、いくつかの決まり事を守らなければなりません。これを怠ったために、せっかくの遺言書が法的な効力を失ってしまうことがあるので注意が必要です。

遺言書は、満15歳以上であり、ものごとに対する判断能力や意思能力があれば、だれでも作成できます。何度でも書き直しが可能で、相続発生時に複数の遺言書が存在した場合には、原則として日付の新しいものが正式な遺言書として効力をもちます。

■遺言書が法的な効力をもつ事項

遺言書には「母親を大切に」、「兄弟仲良く」といった心情的な内容など、どのようなことを記載してもかまいませんが、法的な効力をもつのは以下に掲げる「遺言事項」に限られています。

(1) 身分に関する事項

・非嫡出子の認知
非嫡出子（婚姻関係にない相手とのあいだにできた子）を実子として認知すること
・後見人と後見監督人の指定
未成年者などの後見人と、その後見人を監督する者を指定すること

(2) 相続に関する事項

・相続分の指定または指定の委託
法定相続分とは異なる相続を希望する場合の相続分を指定すること、あるいは

その指定を第三者に委託すること

・遺産分割方法の指定または指定の委託

だれにどの遺産を相続させるかを指定すること、あるいはその指定を第三者に委託すること

・遺産分割の禁止

相続争いを避けるために遺産の分割を一定期間（5年以内）禁止すること

・相続人相互の担保責任の指定

共同相続人のだれかが取得した遺産に瑕疵（欠陥や過不足）がある場合、ほかの相続人はそれぞれの相続分に応じてそれを補填しなければならないが、その負担の割合を指定すること

・遺留分減殺方法の指定

贈与や遺贈によって遺留分を侵害された場合、遺留分権利者はその減殺を請求することができるが、その減殺の順位を指定すること

・相続人の廃除または排除の取り消し

被相続人を虐待した、あるいは著しい非行があった推定相続人の相続権を剥奪するための審判を請求すること、あるいは以前行った排除を取り消すこと

（3）財産の処分に関する事項

・遺贈
法定相続人以外の者に遺産を残すこと
・寄付行為
公共法人や公益法人などに対する寄付
・信託の設定

（4）その他の事項

・遺言執行者の指定または指定の委託
遺言の内容を実行する遺言執行者を指定すること、またはその指定を委託すること

遺言書の効力のひとつに「**遺贈**」という行為がありました。これについて補足しておきましょう。

遺贈というのは、被相続人の死後に法定相続人以外の者に財産を与えることで、遺贈を受ける人のことを「受遺者」といいます。

だれに遺贈するのかは遺言者の意思のみによって自由に決められます。たとえば、血縁関係にはない人でも存命中にたいへんお世話になった人にお礼をしたいと思えば、遺言によって財産を遺贈することができるのです。


もっとも一般的なのは、身を粉にして尽くしてくれた「子どもの配偶者」、つまり「嫁」でしょう。

結婚とともによろこんで同居をしてくれ、家事はもちろんのこと、家業があれば手伝い、だんなの世話を焼き、子どもを産み・育て、遺言者が病に倒れれば献身的に看護の手伝いをし、要介護状態になれば下の始末もし、最期は心をこめて看取ってくれた。

そんな「嫁」にもかかわらず、法律上は相続人ではなく、1円たりとも相続することができないのです。世話になった嫁に感謝の意を込めて財産の一部を譲りたいと思うのであれば、遺言によって「遺贈」の意思を残すべきです。

遺贈のほかに嫁と養子縁組をするという方法もありますが、思わぬトラブルに発展する可能性があります。また、嫁に遺贈する場合には、ほかの相続人の遺留分を侵害しない範囲にとどめておいたほうがいいでしょう。

もちろん、嫁以外にも生前に世話になった第三者に遺贈をすることは可能です。

遺贈には「包括遺贈」と「特定遺贈」の2種類があります。

包括遺贈というのは「受遺者のAに対して相続財産の3分の1を遺贈する」というように、相続割合だけを指定する方法です。

一方の「特定遺贈」は「受遺者のAに対して現金◯千万円を遺贈する」というように、遺贈する財産を具体的に特定する方法です。

前者の場合には、受遺者はほかの相続人と同じ権利・義務をもつことになり、遺産分割協議に参加してじっさいに遺贈を受ける財産を決めることになります。後者の場合には、被相続人の遺言にしたがって遺贈を受ければいいわけです。

どちらがトラブルになりにくいかは言うまでもありません。

遺言書の種類と特徴

一般的な遺言書には「公正証書遺言」、「自筆証書遺言」、「秘密証書遺言」の3種類があります。

(1) 公正証書遺言

いくつもの点から、相続トラブルを防ぐためにもっとも有効だとされているのが公正証書遺言です。公正証書という名前からもわかるように、法律上、完全な証拠力が認められているのです。ただし、作成するのに多少の手間と費用がかかります。

公正証書遺言を作成するには、原則として遺言者が公証人役場に出向きます(遺言者が病気などの場合には公証人に来てもらうことも可能です)。そこで、2人以上の証人の立ち会いのもとに、遺言者が口述した内容を、法務大臣が任命した公証人が筆記して作成します。

専門家が作成するために、要件不備などの理由で無効になることは、まずありません。そして、作成された遺言書の原本は公証人役場に保管されるので、紛失、偽造、変造などのおそれがありません。しかも、遺言者の生存中は、推定相続人などの利害関係者が原本を閲覧したり謄本を取ることは禁止されています。

公正証書遺言を作成するためには、その段階で、遺言書の内容が確定している必要があります(あとで内容を変更した新しい公正証書遺言を作成することは可能です)。つまり、財産の目録を作成し、だれにどの財産を相続させるのか(あるいは相続人以外に遺贈するのか)、といった相続の内容を決定しておかなければなりません。

そのうえで「遺言者の実印と印鑑証明書（1通）」、「遺言者の戸籍謄本」、「不動産登記簿の謄本」、「固定資産税評価証明書」を準備します。

以下、公正証書遺言の作成の流れを紹介します。

・2人以上の証人（未成年者、成年被後見人、推定相続人、直系血族などは不可）とともに公証人役場を訪れて、遺言内容を公証人に口述します。ただし、一般的には事前の打ち合わせの際に伝えておいた内容をもとに、公証人があらかじめ遺言書を記述しておいてくれることが多いようです。

・公証人が記述した遺言の内容を遺言者と証人に読み聞かせます。
・遺言書の内容が正しいことを確認したら、遺言者と証人は署名・押印をします。遺言者は実印でなければなりませんが、証人は認め印でもかまいません。遺言者が署名できない場合には公証人が代理署名することも可能です。

・最後に公証人が署名・押印して、遺言書が完成します。
完成した公正証書遺言の原本は公証人役場に保管され、遺言者には正本が渡され、謄本を取ることもできます。なお、公正証書遺言の作成には手数料がかかります。手数料は、相続財産の金額によって定められています。

こうして作成された公正証書遺言は、家庭裁判所の検認を受けずに、法的な効力のある遺言書として執行することができます。

ただし、そのためには遺言書が間違いなく相続人の手に渡ることが必要です。ところが公証人は遺言書の存在を相続人に知らせることはありません。

そもそも遺言者の死亡の事実を知ることすらできません。つまり、公証人はあくまでも遺言書の作成と保管に対して責任を負うことが職務であり、遺言書の執行にはいっさい関知しないということです。

したがって、遺言者は、生前に公正遺言証書の存在を推定相続人に知らせておく、あるいは遺言執行者に正本を預けておくなどの方法をとらなければなりません。これは、ほかの遺言書でも同じことです。

(2) 自筆証書遺言

公正証書遺言に比べて、手間も費用もかからないのが自分で作成する自筆証書遺言です。ただし、偽造や変造をされる可能性は皆無ではありません。

また、民法が定める遺言書の要件を満たしていないために、せっかく作成した遺言書が法的効力をもたないことも少なくありません。以下、自筆遺言証書の要件や作成の流れを紹介します。

・遺言書は、遺言者本人が全文を手書きしなければなりません。遺言者が下書きをして他人に清書したもらったものでは無効です。また、ワープロやパソコン、タイプライターで作成した遺言書も認められません。日本語以外でも有効ですが、点字は無効です。

・必ず日付を記さなければなりません。「平成○年○月○日」のように、年、月、日のすべてを記載しておかなければ、遺言書は無効になってしまいます。日付の記載は遺言者の判断能力を判定する決め手にもなるのです。なお、日付は遺言書を入れた封筒ではなく、遺言書自体に記載しなければなりません。
・手書きの署名が必要です。ゴム印などは無効です。
・署名とともに押印します。認印でもかまわないのですが、実印のほうが確実です。
・遺言内容の削除・訂正・追加にも決まりがあります。
削除する場合には、削除前の文字が見えるように該当部分に二本線を引き、押印します。そして、欄外に「○行目○字削除」と記載して署名します。

訂正する場合には、削除と同様に該当箇所に二本線を引き、その横に訂正文字を記載して押印します。そして、欄外に「○行目○字削除○字加入」と記載して署名します。

文字を追加する場合には、追加箇所の横に必要な文字を記入して押印します。そして、欄外に「○行目○字目の後に○文字加入」と記載して署名します。

削除・訂正・追加の事実の記載は、欄外ではなく遺言書の末尾にまとめてもかまいません。なお、変更箇所に押印する印鑑は署名押印に使用したものと同じ印鑑を使用します。

また、遺言書が2枚以上にわたる場合には、同じ印鑑で、各ページにまたがった割り印を押します。


遺言書の作成後に考えが変わった場合には、新たに遺言書を作成することができます。

相続の際に複数の遺言書が存在する場合には、日付の新しいものが正式な遺言書としての効力をもちますので、不要になった遺言書をそのままにしておいてもいいのですが、よけいなトラブルを避けるためには、遺言書を書き換えたときには古い遺言書は破棄したほうがいいでしょう。

このほかで気をつけなければいけないのは、誰にでも判読できる文字で書くことや、誤解の余地のない明確な表現をすることです。
「相続人全員に公平に相続させる」や「相続人全員で話し合って分割する」などの表現では、せっかくの遺言書が意味をもたないどころか、かえってトラブルの種になりかねません。「公平」という文言のもつ意味は、受け取る人ひとりひとりによって違うのです。

最後に、自筆遺言証書の保管方法ですが、封筒に入れて封印するかどうかについての法的な規定はありません。秘密保持や偽造・変造を防止するためには、封筒に入れて封印したほうがいいでしょう。
ただし、遺言書は相続人の手にわたらなければ効力を発揮できませんから、遺言書の存在や、遺言執行者などの信頼できる第三者に託してあることを、生前に推定相続人に知らせておくことが必要です。

なお、自筆遺言証書を発見した相続人は、家庭裁判所で検認の手続きを受けなければなりません。勝手に開封したり、検認を受けなかった場合は、所有権移転登記などができないうえに、過料が課せられます。

(3) 秘密証書遺言

自筆証書遺言が、すべてを遺言者が自筆しなければならないのに対して、秘密証書遺言は他人に代筆を依頼してもワープロやパソコンで作成してもかまいません。

ただし、署名だけは自筆でなければなりません。

以下、秘密証書遺言の作成の流れを紹介します。
・作成した遺言書に署名・押印します。自筆証書遺言と違って、日付は不要です。
・遺言書を封筒に入れて封をし、遺言書に使用した印鑑で封緘します。
・公証人役場で、2人以上の証人の立ち会いのもとで公証人に遺言書の入った封筒を差し出し、自分の住所・氏名と、封筒の中身が自分の遺言書であることを申述します。遺言書を代筆してもらった場合には、代筆者の住所・氏名も申述します。
・公証人は、遺言書が提出された日付と遺言者が申述した事実を封筒に記載し、最後に遺言者と証人、公証人が、署名・押印します。

こうして完成した秘密証書遺言は遺言者に返還され、保管は遺言者自身で行います。遺言書の執行には、開封前に家庭裁判所の検認を受けることが必要です。

では、秘密証書遺言のメリットはどこにあるのでしょうか。作成に、代筆やパソコンが利用できるのはメリットかもしれません。また、証人がいるために遺言書の存在を明確にできるのも利点です。

しかも、遺言の内容は本人以外には知られずにすみます（代筆の場合を除く）。

ただし、遺言内容の記述に関しては、自筆証書遺言と同様の注意が必要です。

相続税の計算

1 課税遺産総額を計算する

相続税は相続財産総額のすべてに課せられるわけではありません。基礎控除額が設定されているからです。基礎控除額は次の通りです。

基礎控除額＝3000万円＋600万円×法定相続人の数

課税対象となる課税遺産総額は次のようになります。
課税遺産総額＝相続財産総額－基礎控除額

この結果、課税遺産総額がプラスにならなければ、相続税は納税する必要がありません。ただし、「小規模宅地等の特例」は結果的に納税額が0になるとしても申告しなければ適用されませんので注意が必要です。

2 相続税の総額を計算する

次は、相続税の総額の計算です。

すべての法定相続人が課税遺産を法定相続分どおりに相続したと仮定して、各相続人それぞれの相続税額を求めます。

相続放棄をしている法定相続人についても、法定相続分を相続したものとして計算します。

それぞれの法定相続人の相続税額を合計したものが、相続税の総額です。

なお、各相続人の相続税額は表の「法定相続分」に「税率」を掛けて「控除額」を差し引いて求めます。

相続税・税率

課税財産（基礎控除後）		税率	控除額
	1,000 万円以下	10%	—
1,000 万円超	3,000 万円以下	15%	50 万円
3,000 万円超	5,000 万円以下	20%	200 万円
5,000 万円超	1 億円以下	30%	700 万円
1 億円超	2 億円以下	40%	1,700 万円
2 億円超	3 億円以下	45%	2,700 万円
3 億円超	6 億円以下	50%	4,200 万円
6 億円超		55%	7,200 万円

出所：財務省

各法定相続人の相続税額＝課税遺産総額×法定相続分×税率－控除額
相続税の総額＝各法定相続人の相続税額の合計

3 各相続人の納税額を計算する

じっさいに相続する財産は法定相続分どおりではないことも多いでしょう。そこで、各相続人（遺言による遺贈を受けた者も含む）が相続した財産額に応じた相続税額を計算します。たくさんの財産を相続した相続人はそれだけ多くの相続税を納税しなければならないわけです。

各相続人の相続税額＝相続税総額×（実際に相続した財産額÷相続財産総額）

4 各相続人の納税額の加算・控除

各相続人の納めるべき相続税額を計算したら、最後に、加算や控除を行い、最終的に納めるべき相続税額を求めます。

加算や控除には次のようなものがあります。

相続人が「配偶者」、「子と代襲相続人」、「父母」以外の場合には、その人の相続税は2割、加算されます。

税額控除には次の7項目があります。控除は必ず1から7の順で行わなければなりません。

1 贈与税額控除（暦年課税分）……………………

相続開始前3年以内の贈与は相続税の課税対象になりますが、すでに贈与税を納めている場合には、相続税額から控除できます。

相続税との二重課税を防ぐためです。

2 配偶者の税額軽減……………………

被相続人の配偶者に対しては、被相続人の財産形成に寄与したことや、相続後の生活保障のために、税額が軽減されます。配偶者の法定相続分まで、または

1億6000万円までの財産の取得については相続税がかかりません。

3　未成年者控除……………………………………………………………
相続人が20歳未満の法定相続人の場合、20歳に達するまでの年数に応じて控除が受けられます。

未成年者控除額＝10万円×20歳に達するまでの年数（1年未満は切り上げ）

4　障害者控除……………………………………………………………
相続人が障害者である法定相続人の場合、85歳に達するまでの年数に応じて控除が受けられます。

障害者控除額＝10万円×85歳に達するまでの年数（1年未満は切り上げ）
※特別障害者（1級または2級など）の場合には10万円が20万円になります。

5　相次相続控除……………………………………………………………
父親が亡くなってほどなく母親が亡くなるなど、短期間のうちに相続が重なると相続税の負担が大きくなってしまいます。

そこで、今回の相続開始前の10年以内に相続をしていた場合、前回の相続で今回の被相続人に課せられた相続税額の一部を控除できることになっています。

6　外国税額控除……………………………………………………

被相続人が外国に所有していた財産を相続し、その国で相続税（相当税）が課されている場合には、二重課税を防ぐために、外国で納めた税額の一部または全額を控除することができます。

外国税額控除の限度額＝相続税額×外国にある財産の課税価格÷課税価格の合計額

7　贈与税額控除（相続時精算課税分）…………………………

1と同様に、すでに納めた贈与税がある場合には、相続税から控除することができます。

1から6までの控除や軽減は、当初の相続税額よりも控除（軽減）額のほうが大きかったとしても税金を還付してもらうことはできませんが、7の税額控除は税額よりも控除額のほうが大きければ差額を還付してくれます。

相続税の計算例

相続財産総額／２億円
法定相続人／妻、子Ａ、子Ｂの３名　相続人／同上
実際の相続分／妻が１億５０００万円、
子Ａが３０００万円、子Ｂが２０００万円
（いずれも生前贈与はなかったものとして計算）

★課税遺産総額を計算する

課税遺産総額＝２億円－（３０００万円＋６００万円×３人）
＝１億５２００万円

★相続税の総額を計算する

＊妻の法定相続分に対する相続税額＝課税遺産総額×法定相続分×税率－控除額

＝１億５２００万円×２分の１×30％－７００万円
＝１５８０万円
＊子Ａ・Ｂの法定相続分に対する１人当り相続税額
＝１億５２００万円×４分の１×20％－２００万円
＝５６０万円
＊相続税の総額＝１５８０万円＋５６０万円＋５６０万円
＝２７００万円

★各相続人の納税額を計算する

＊妻の相続税額　＝２７００万円×１億５０００万円÷２億円
＝２０２５万円
＊子Ａの相続税額＝２７００万円×３０００万円÷２億円
＝４０５万円
＊子Ｂの相続税額＝２７００万円×２０００万円÷２億円

＝２７０万円

★各相続人の納税額の加算・控除
妻／配偶者の税額軽減を適用＝０円
子Ａ／４０５万円
子Ｂ／２７０万円

税理士に相談・贈与を依頼するには

法人、個人に限らず、相続・贈与についての税務手続きを税理士に依頼するケースが増えています。そこで本書の締めくくりとして、税理士に依頼する場合の留意点について述べたいと思います。

★税理士に依頼する時期

相続で税理士を依頼するのは相続開始後ということになります。相続手続きには時間的な制約があるので、税理士に依頼する時期は早いほどいいでしょう。しかし、本書で述べてきた相続対策の観点からいうと、遺言書を作成する前に被相続人自身が税理士に相談するのが理想的です。贈与の場合も、事前に相談すれば節税対策を講じることができるかもしれません。

★どの税理士に依頼するか

次は税理士選びです。原則的にはどの税理士に依頼してもいいのですが、依頼者としては相続・贈与について豊富な経験をもつ税理士に依頼したいところです。そこで、すでに相続や贈与で税理士に依頼したことのある友人・知人が居れば、その方に紹介してもらえば安心できるでしょう。

★依頼する時の注意点

遺言書作成前に相談する時や、相続・贈与の「税務代理」や「税務書類の作成」を依頼する時には、税理士に依頼事項や状況を正しく把握してもらうために、内容を整理して話すとともに、質問に対しては包み隠さず正確に答える必要があります。

★用意する書類と税理士への報酬

「税務代理」「税務書類の作成」を税理士に依頼する場合にはさまざまな書類を用意する必要があります。税理士に依頼した場合の報酬は、相続・贈与の規模や難易によって異なりますので、費用については、あらかじめ確認しておくことをおすすめします。

＜著者プロフィール＞

治田　秀夫（はるた ひでお）

1941年4月群馬県生まれ。1964年中央大学商学部卒業、1967年公認会計士登録、1968年税理士登録、1980年治田会計事務所開設（港区南青山1-4-2）。
元アーサーヤング＆カンパニー、元監査法人トーマツ代表社員。
現在、治田会計事務所所長、有限責任監査法人ハルタ理事長。文化庁 宗教法人実務研修会 評価企画会議委員ほか。
著書に『国際税務の手引き』（三和銀行）
『連結財務諸表　作成の実務』（共著）（中央経済社）
『現代税務の課題と展望』（共著）（ぎょうせい）
『英文財務諸表の実務』（共著）（財経詳報社）
『40歳からの対策　上手な相続 さけたい“争族”』（日本工業新聞社）
『Q&A　計算表でわかる税効果会計』（第一法規出版）
『神社寺院のわかりやすい実務とラクラク会計』
『図解 宗教法人の実務 会計と税務』（以上、戎光祥出版）など。
その他、＜争族シリーズ＞として「争族」と「円満相続」をテーマに既刊6点の著書がある。（いずれもごま書房新社刊）

治田会計事務所のホームページ **http://harutax.jp/**

人生100年時代 シニアの賢い生き方

著　　者	治田 秀夫
発 行 者	池田 雅行
発 行 所	株式会社 ごま書房新社 〒101-0031 東京都千代田区東神田 1-5-5 マルキビル7F TEL 03-3865-8641（代） FAX 03-3865-8643
アートディレクション・デザイン	AZI（RAKUGAKI）
挿し絵	Tomoe Katagiri（AZL）
本文イラスト	いらすとや
制作マネージメント	田中 勇介（DONNE&COMP）
DTP	田中 敏子（Beeing）
印刷・製本	精文堂印刷株式会社

ISBN978-4-341-08660-2 C0033

ごま書房新社のホームページ
http://www.gomashobo.com